궁금해요, 윤동주

초판 1쇄 발행 2017년 9월 29일 | 초판 4쇄 발행 2024년 11월 15일
글쓴이 안선모 | 그린이 한용욱
펴낸이 홍석 | 이사 홍성우 | 편집부장 이정은 | 편집 조유진 | 디자인 권영은, 김영주
외주디자인 신영미 | 마케팅 이송희, 김민경 | 제작 홍보람 | 관리 최우리, 정원경, 조영행
펴낸곳 도서출판 풀빛 | 등록 1979년 3월 6일 제 2021-000055호
주소 서울 강서구 양천로 583, 우림블루나인 비즈니스센터 A동 21층 2110호
전화 02-363-5995(영업) 02-362-8900(편집) | 팩스 070-4275-0445
전자우편 kids@pulbit.co.kr | 홈페이지 www.pulbit.co.kr
블로그 blog.naver.com/pulbitbooks | 인스타그램 instagram.com/pulbitkids

ISBN 979-11-6172-028-9 74990
     978-89-7474-499-1 (세트)

ⓒ 안선모, 한용욱 2017

이 도서의 국립중앙도서관 출판예정시도서목록(CIP)은 서지정보유통지원시스템 홈페이지(http://seoji.nl.go.kr)와
국가자료공동목록시스템(http://www.nl.go.kr/kolisnet)에서 이용하실 수 있습니다.(CIP제어번호: CIP2017022986)

*책값은 뒤표지에 표시되어 있습니다.
*파본이나 잘못된 책은 구입하신 곳에서 바꿔드립니다.

품명 아동 도서	사용연령 8세 이상
제조국 대한민국	제조년월 2024년 11월 15일
제조자명 도서출판 풀빛	연락처 02-363-5995
주소 서울 강서구 양천로 583, 우림블루나인 비즈니스센터 A동 21층 2110호
주의사항 종이에 베이거나 긁히지 않도록 조심하세요.
책 모서리가 날카로우니 던지거나 떨어뜨리지 마세요.
KC마크는 이 제품이 공통안전기준에 적합하였음을 의미합니다.

저학년
첫역사
인물 ④

조국의 독립을 꿈꾸다
하늘의 별이 된 시인

궁금해요, 윤동주

안선모 글 | 한용욱 그림

풀잎

작가의 말

민족의 가슴 속에 별로 남은 시인, 윤동주

원고를 쓰기 전에 서울 종로구에 있는 윤동주 문학관을 찾았습니다. 그냥 책상 앞에 앉아 윤동주 시인에 대해 쓴다는 게 뭔가 미안하고 죄스러웠기 때문이었습니다. 시인이 태어나고 자랐던 명동 마을과 용정까지는 못 가더라도 적어도 시인을 좀 더 가까이에서 느껴 보고 싶다는 생각이었지요.

자하문 고개 위에 위치한 윤동주 문학관은 작지만 알차게 꾸며져 있었습니다. 윤동주의 시 '우물'을 생각나게 하는, 윤동주가 태어나 자란 생가에서 직접 갖고 온 우물(나무로 된 우물의 윗부분)을 전시해 놓은 1전시실을 비롯하여 뻥 뚫려 있는 좁은 공간으로 하늘을 바라볼 수 있는 2전시실, 후쿠오카 감옥에서 겪었을 어둠과 좌절을 체험할 수 있는 3전시실도 있었습니다. 모든 전시실은 소박하고 작았지만 가슴 찡한 감동이 기다리고 있었습니다.

좋은 시절에 태어났다면 얼마나 좋았을까? 쓰고 싶은 시 마음껏 쓰고, 보고 싶은 별 마음껏 보고 그렇게 행복하게 오래 살았으면 얼마나 좋았을까? 자꾸만 그런 생각이 들어 마음 아팠습니다.

윤동주가 우리 글로 시를 썼다는 이유, '독립운동'을 했다는 죄명으로 후쿠오

카 형무소에 갇혔을 때부터 눈물이 앞을 가려 쓰기가 참 힘들었습니다. 저절로 감정 이입이 되어 마치 내가 빛도 들어오지 않는 좁은 감옥에 갇힌 듯했고, 알지 못할 이상한 주사를 맞으면서 온몸의 물기와 정신이 쪽쪽 빠져 죽어 가는 듯했지요. 이렇게 우리 국민들이 짐승보다 못한 대우를 받았다는 생각에 불끈 화가 치밀어 오르기도 했고요. 이게 다 나라를 잃었기 때문에 생긴 일이에요. 나라 잃은 설움 속에서 시를 쓰는 것 말고 더 큰일을 할 수 없는 것에 대해 죄스럽게 생각했던 윤동주 시인. 하지만 그가 남긴 아름다운 시로 인해 우리는 우리글의 아름다움과 그 시대 지식인들의 열정과 애국심을 엿볼 수 있는 영광을 얻었습니다.

이 글을 읽는 어린이들!

힘들고 외로울 때, 하기 싫고 짜증날 때 있지요? 이럴 때 어떻게 해야 할까요? 울지 말고, 화내거나 투덜대지 말고 자신이 할 수 있는 최선을 다하세요. 자기가 할 수 있는 만큼 하는 거예요. 꿋꿋하게 내 생각대로 내 신념대로…. 윤동주 시인처럼 말이에요. 그러다 보면 어느새 훌쩍 자란 나 자신을 발견하게 될 거예요.

안선모

차례

작가의 말 · 4

명동 마을 쌍둥밤 · 8

명동 소학교에 들어가다 · 16

처음 만든 잡지 · 26

명동을 떠나 용정으로 · 36

문학에 빠지다　　　　　　　　　　　46

돌아온 몽규　　　　　　　　　　　58

꿈에 그리던 연희 전문학교　　　　68

일본 유학을 떠나다　　　　　　　　79

별이 된 시인　　　　　　　　　　　92

 명동 마을 쌍둥밤

몹시도 추운 1924년 12월, 어느 날 아침이었습니다.

"몽규야, 놀자!"

다른 날과 다르게 들뜬 동주의 목소리에 몽규는 화닥닥 밖으로 나갔습니다.

"이른 아침부터 놀자고? 그러면서 썰매는 왜 안 갖고 왔어?"

그 말에 동주는 씨익 웃더니 냅다 달려갔습니다. 몽규도 동주의 뒤를 따라 언덕을 달려 올라갔습니다. 한참 달리던 동주가 교회당 앞에서 걸음을 멈췄습니다.

"오늘은 주일도 아닌데……."

몽규가 이상하다는 듯 고개를 갸웃거리자 동주가 다가와 귓속말을 했습니다.

"엄마가 여동생을 낳았어. 할아버지가 아기 이름을 혜원이라고 지으셨어."

"정말? 동주야, 너 정말 좋겠다!"

몽규가 부러운 듯 동주를 한참이나 바라보았습니다.

"내 동생은 몽규 네 동생이나 마찬가지야. 너한테 기쁜 소식 알려 주려고 아침도 안 먹고 달려왔어."

동주와 몽규는 교회당 마당에서 얼싸안고 한참을 뛰었습니다. 참으려고 해도 자꾸만 웃음이 나왔습니다. 둘의 모습을 한참 지켜보던 교회 종지기 아저씨가 웃으며 말했습니다.

"너희 둘은 어째 한시도 떨어져 있지 않고 날마다 붙어 다니느냐. 꼭 쌍동밤 같구나."

그 말에 동주가 빙그레 미소를 지었습니다. '쌍동밤'이라는 말이 마음에 쏙 들었습니다.

"저는 9월에 태어났고 동주는 12월에 태어났어요. 그러니까 제가 석 달 형이지요. 하지만 우리는 가장 친한 친구예요, 친구!"

동주와 몽규는 사촌지간으로 다섯 살까지 같은 집에서 자랐습니다. 몽규는 겁이 없어 어떤 일이든 자신 있게 나섰습니다. 반면 동주는 겁이 많아 걸핏하면 눈물을 글썽였습니다. 하지만 동주는 몽규가 하는 일이라면 말없이 따랐습니다. 또 몽규는 언제나 동주의 의견을 존중해 주었기 때문에 둘은 한번도 싸운 적이 없었습니다.
"우리는 명동 마을 쌍동밤이다!"

동주가 크게 외치며 언덕길을 달려갔습니다. 몽규도 동주의 뒤를 따라 달려가며 외쳤습니다.
"우리는 명동 마을 쌍동밤이다!"
동주는 몽규와 함께 집으로 들어왔습니다. 사랑방에 있던 할아버지가 반갑게 맞이했습니다.

"보물덩이 내 손자들 어서 오너라. 할아비랑 같이 아침 먹자."

할아버지는 이제 몇 달만 있으면 학교에 입학하게 될 친손자 동주와 외손자 몽규를 흐뭇하게 바라보았습니다.

매서운 꽃샘추위가 몇 번이나 찾아왔지만 봄은 소리 없이 온 마을을 가득 채웠습니다.

"선바위 진달래가 꽃망울을 터뜨리기 시작했어요."

동주는 가끔 몽규와 함께 선바위라고 부르는 삼형제 바위에 올라가곤 했습니다. 선바위에서 내려다보는 명동 마을은 포근하고 아름다웠습니다. 너른 들판에 듬성듬성 기와집이 있고 흰 구름이 물오른 나뭇가지들 사이에 한가하게 걸려 있습니다. 구불구불 황톳길로 바삐 오가는 사람들 모습도 보였습니다.

동주는 기와집을 빙 둘러싸고 있는 울타리 안을 돌아보았습니다. 삼십여 그루가 넘는 살구나무와 자두나무에도 꽃눈이 몽글몽글 솟아났습니다. 동주는 동쪽으로 난 쪽대문으로 나가 우물 앞에 섰습니다. 우물 안에 머리를 디밀고 속삭였습니다.

"나 윤동주는 곧 명동 학교 학생이 된다."

"웅웅."

우물이 축하한다고 말하는 듯 깊으면서 낮은 소리를 냈습니다.

 명동 소학교에 들어가다

동주와 몽규는 1925년 4월 4일, 나란히 명동 소학교에 입학했습니다.

"난 학교에 가는 게 정말 좋아. 글도 배우고 좋은 친구도 만날 수 있으니까."

동주는 국어 시간을 특히 좋아했습니다. 《솟는 샘》이라는 등사본 책으로 공부하는 것이 참 재미있었습니다.

"'가' 자에 '기역' 하면 '각'이 되고요.

'가' 자에 '니은' 하면 '간'이 되지요."

동주는 머리를 앞뒤로 흔들며 노래하듯이 읽어 내려갔습니다. 글을 읽어 내려가는 동주와 반 아이들의 얼굴에 행복한 미소가 솔솔 피어났습니다.

학교에 다닌 지 한 달쯤 지났을 때였습니다.

"우리나라는 지금 일본에게 나라를 빼앗겼어요. 나라를 찾을 수 있는 방법은 없을까요? 우리는 어떻게 해야 할까요?"

선생님은 아이들에게 몇 가지 질문을 던졌습니다. 동주는 눈만 껌

벅껌벅했습니다. 아무리 생각을 해도 좋은 방법이 떠오르지 않았습니다.

명동 학교는 교장 선생님뿐만 아니라 선생님들과 학생들도 독립을 위해 열심히 활동했습니다. 이런 걸 보고 가만히 있을 일본이 아니었습니다. 일본은 중국에 압력을 넣어 명동 학교에서 중학교 과정을 가르칠 수 없게 했습니다. 또 1920년 가을에는 명동 학교에 불을 지르기도 했습니다.

동주는 어떤 대답도 할 수 없어 가슴이 답답했습니다. 그때 옆에 앉아 있던 몽규가 손을 번쩍 들었습니다. 동주는 벌떡 일어난 몽규를 부러운 듯 쳐다보았습니다.
"일본 놈들과 맞서 싸워야 합니다."

그러자 선생님이 다시 물었습니다.

"누가 싸우지요? 여러분도 힘이 없고 나도 힘이 없는데요."

"다 함께 힘을 합해 싸우면 돼요. 한 사람 한 사람은 힘이 없지만 여럿이 뭉치면 힘이 세지니까요."

동주는 씩씩한 몽규가 정말 자랑스러웠습니다.

"몽규의 말도 맞아요. 하지만 여러분은 아직 어리니까 공부를 열심히 해야 합니다. 주먹에서 나오는 힘과 머리에서 나오는 힘 중 어느 것이 더 셀까요?"

"머리에서 나오는 힘이요!"

동주가 벌떡 일어나 큰 소리로 대답했습니다. 동주의 대답에 선생님이 빙그레 웃었습니다.

'꼭 열심히 공부해서 머리 힘이 세지고 말 거야. 그래서 나라를 찾을 수 있도록 노력할 거야.'

공부를 열심히 하겠다고 결심했지만 동주는 일본어 시간이 너무나 싫었습니다. 그래서 일본어 시간이 되면 만날 딴생각을 했습니다. 창밖 너머 교회당 종각의 십자가가 눈에 들어왔습니다. 반짝이는 햇빛이 십자가 위에서 빛나고 있었습니다.

'햇빛은 어떻게 저렇게 높은 데까지 올라갔을까? 햇빛은 저 위에서 무슨 생각을 할까?'

그때 일본어를 가르치는 선생님이 동주에게 다가와 말했습니다.

"윤동주, 일본어 성적이 이게 뭐냐? 낙제 점수다."

선생님이 보여 주는 시험지를 보며 동주는 속으로 중얼거렸습니다.

'내 나라를 빼앗아 간 일본 말을 왜 배워야 하지?'

동주의 생각을 눈치챈 선생님이 부드러운 목소리로 말했습니다.

"동주야, 선생님은 일본어 가르치는 것이 좋아서 가르치는 걸까? 나도 일본어를 가르치는 일이 죽기보다 싫구나. 학교에서 일본어를 가르치면 불탄 자리에 건물을 새로 지어 주겠다고 하니 어쩔 수 없단다."

동주는 선생님의 눈을 바라보았습니다. 선생님의 눈은 슬픔으로 가득했습니다.

"우리는 일본에 나라를 빼앗겼다. 못난 어른들이 그렇게 만들었어. 그렇다고 가만히 있을 순 없지 않겠느냐? 독립을 하려면 공부를 열심히 해야 한다."

그때 몽규가 손을 번쩍 들었습니다.

"그런데 왜 우리나라를 빼앗은 일본의 말을 배워야 하지요?"

동주는 깜짝 놀랐습니다. 하고 싶은 말을 거리낌 없이 하는 몽규가 부럽기도 했지만 혹시나 선생님이 화를 내시면 어떡하나 걱정이 되었습니다.

그런데 선생님은 화를 내기는커녕 몽규를 칭찬하였습니다.

"몽규가 좋은 질문을 했다. 너희, 신학문 배우고 싶지?"

반 아이들이 힘차게 고개를 끄덕였습니다.

"신학문을 배우려면 먼저 일본어를 배워야 해. 신학문을 배울 수 있는 책이 모두 일본어로 되어 있기 때문이야. 그리고 일본어를 모르면 중학교에 가서도 공부를 못하게 된다. 중학교 교과서는 모두 일본어로 되어 있으니까."

아이들이 고개를 푹 숙이며 중얼거렸습니다.
"우리나라가 빨리 독립하려면 일본어를 배워야겠네요."
나라를 강제로 빼앗아 간 일본의 말을 배워야 한다고 생각하니 가슴이 미어졌습니다. 동주의 책 위로 눈물 한 방울이 똑 떨어졌습니다.

처음 만든 잡지

여름이 되자 날이 푹푹 찌는 듯 더웠습니다. 마치 찜통에 들어앉은 느낌이었습니다. 하지만 그런 여름도 오래가지는 못했습니다. 더위가 한풀 꺾인 어느 일요일, 몽규가 놀러왔습니다. 그때 동주는 허리를 굽히고 무언가를 하고 있었습니다.

'책을 읽고 있느라 내가 온 것도 모르고 있구나.'

몽규는 동주를 깜짝 놀라게 해 주려고 살금살금 다가갔습니다.

그런데 동주는 책을 읽고 있는 것이 아니라 저고리에 옷고름을 달고 있었습니다.

몽규가 깜짝 놀라 말했습니다.

"어떻게 남자가 바느질을 하냐? 너 소문나면 어쩌려고 그래?"

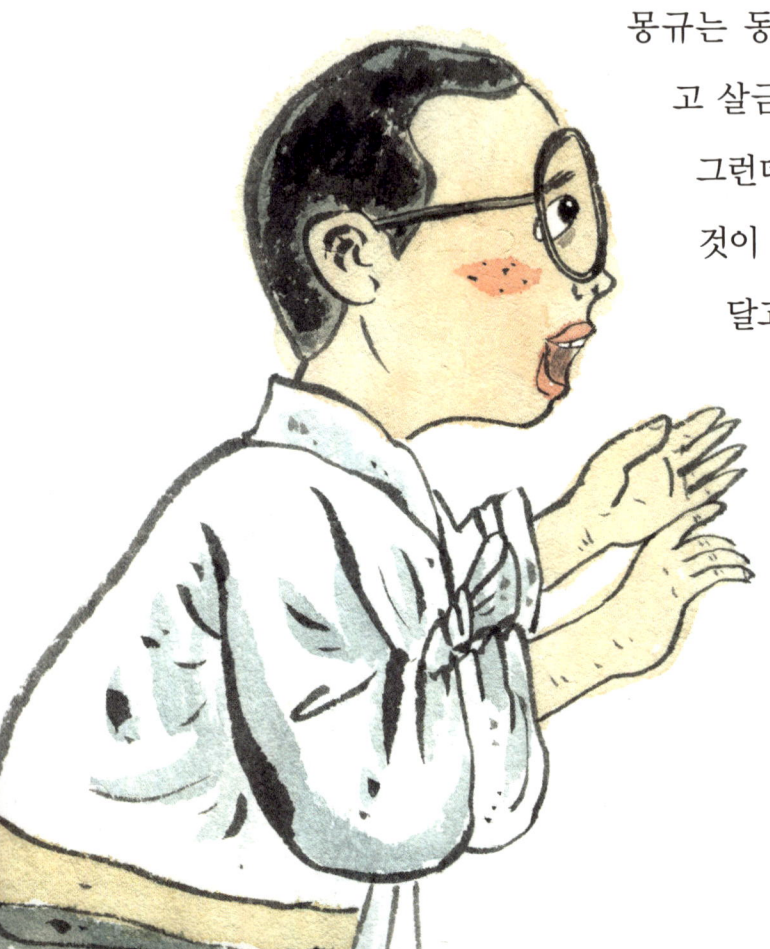

"왜 남자는 바느질하면 안 돼? 여자만 바느질하라는 법이 어디 있어! 남자나 여자나 똑같은 사람이잖아."

동주의 말에 몽규는 순간 깜짝 놀랐습니다.

'남자나 여자나 똑같은 사람이다? 맞는 말인데 또 틀린 말인 것 같기도 하고.'

"바느질감 있으면 나한테 죄다 가져와. 돈은 안 받을 테니 걱정하지 말고."

"알겠어. 다음에 올 때 우리 집 바느질감 다 챙겨 올 테니 각오해!"

동주와 몽규는 마주 보며 크게 웃었습니다.

"참! 책은 왔어?"

"어제 왔어. 너 주려고 어젯밤에 다 읽었어."

그러면서 동주는 〈아이 생활〉이라는 잡지를 몽규에게 주었습니다.

"나는 이 책 너에게 주려고 어제 밤새워 읽었어."

몽규는 〈어린이〉라는 잡지를 동주에게 건네주었습니다. 동주와 몽규는 잡지를 즐겨 읽었습니다. 문학 잡지는 서울에서 북간도의 시골

마을 명동까지 한 달에 한 번 배달되었습니다.

"잡지를 읽으면 세상 보는 눈이 달라지는 것 같아."

동주의 말에 몽규가 고개를 끄덕였습니다.

"나는 새 소식을 읽는 게 가장 좋아. 새 소식을 읽으면 세계의 움직임도 알 수 있고 나라의 형편도 자세하게 알 수 있어."

동주와 몽규가 본 잡지는 동네 아이들 차례가 되었습니다. 온 마을 아이들이 잡지를 돌려 가며 읽었습니다.

어느덧, 동주와 몽규는 5학년이 되었습니다. 하루는 동주가 몽규에게 조심스럽게 의견을 내놓았습니다.

"우리 둘이 직접 잡지를 만들면 어떨까?"

"우리가 잡지를 만든다고?"

"우리 둘이 힘을 합치면 못할 것도 없잖아? 우리 손으로 〈아이 생활〉과 〈어린이〉 같은 잡지를 한번 만들어 보자."

동주의 자신 있는 태도에 몽규의 두 눈이 커졌습니다.

"동주야, 어떻게 그런 멋진 생각을 해냈어? 나는 왜 진작 그런 생각을 못했을까?"

성격이 급하고 앞장서기를 좋아하는 몽규가 교탁 앞에 섰습니다. 그리고 동주의 의견을 아이들에게 전하였습니다. 처음에는 망설이던 아이들이 나중에는 함께하겠다고 너도나도 나섰습니다.

"우선 편집 회의를 하자. 어떤 일을 할지 부서부터 나누고."

"편집이 제일 중요하니까 편집을 맡을 사람부터 정하자."

"그건 당연히 글 잘 쓰는 동주와 몽규가 해야지."

동주와 몽규는 활짝 웃으며 고개를 끄덕였습니다.

"그 대신 원고 모으는 건 누가 해 줄래? 원고 모으는 일도 아주 중요한 일이야."

"그렇게 중요한 일은 내가 해야지!"

손을 든 아이는 문익환이었습니다. 아이들은 신이 나서 각자 할 일을 정하고 어떤 내용을 잡지에 실을 것인지 의논하느라 시간 가는 줄 몰랐습니다. 첫 호는 명동 학교에 대한 내용과 명동 마을의 소식, 아이들의 문예 작품을 싣기로 했습니다.

"잡지 이름을 뭐라고 할까? 이름부터 정하자."

동주의 말에 몽규가 얼른 말했습니다.

"명동 어린이? 아니면 명동 생활?"

"에이, 그건 '아이 생활'과 '어린이'를 본뜬 것 같아서 별로야."

동주의 말에 몽규가 좋은 생각이 났다는 듯 교탁을 탁 쳤습니다.

"옳지! 한준면 선생님에게 찾아가서 의논해 보자."

동주와 몽규는 한준면 선생님을 찾아갔습니다. 선생님은 잡지 기획안을 꼼꼼히 읽어 보며 계속 감탄을 했습니다.

"와, 정말 대단하구나. 어린 너희가 이런 생각을 하다니!"

동주와 몽규는 선생님의 과분한 칭찬에 몸 둘 바를 몰랐습니다.

"내 생각으로는… 우리 명동 마을에 새로운 기운이 솟는다는 뜻으로 '새명동'이라고 하면 어떨까?"

동주는 '새명동 새명동'하고 몇 번이고 되뇌어 보았습니다. 낯설지 않고 입에 착착 감기는 이름이었습니다. 몽규도 만족한 듯 고개를 끄덕였습니다.

익환은 돌아다니며 원고 청탁을 하고 표지 그림도 맡겼습니다. 그렇게 보름이 훌쩍 지나갔습니다.

부지런하고 꼼꼼한 익환이 모아 온 원고를 동주와 몽규가 밤 늦도록 등사 용지에 옮겨 적었습니다. 잡지를 만든다는 즐거움에 날 새는 줄도 모르고 손가락이 아픈 줄도 몰랐습니다.

드디어 〈새명동〉 잡지가 세상에 모습을 드러냈습니다. 서울에서 발행되는 〈아이 생활〉이나 〈어린이〉에 비하면 겉모양새가 초라하고 보잘것없었습니다. 하지만 동주와 몽규에게는 무엇과도 바꿀 수 없는 소중한 보물이었습니다.

잡지를 본 명동 학교 선생님들과 동네 어른들 그리고 동주네 반 아이들도 모두 기뻐했습니다. 그 뒤로 아이들은 〈새명동〉을 몇 호 더 만들었습니다.

1931년 3월 15일, 동주가 명동 학교를 졸업하는 날이었습니다. 조촐하게 졸업식이 끝나고 열네 명의 졸업생은 김동환의 시집 《국경의 밤》을 선물로 받았습니다. 《국경의 밤》에는 두만강을 건너 중국 땅에 몰래 건너가 농사를 짓던 조선 사람들의 슬픔과 고난의 역사가 고스란히 들어 있었습니다. 동주는 이 선물이 마음에 들어 잘 때도 꼭 껴안고 잤습니다.

 명동을 떠나 용정으로

동주는 희미한 불빛 아래에서 글을 쓰고 있었습니다. 멀리서 지프가 달려오는 소리가 들렸습니다. 동주는 급히 등잔불을 껐습니다. 집에 불이 켜져 있으면 공산주의자들이 총을 들고 와서 노략질을 하기 때문이었습니다. 잠시 후, 시끄러운 소리에 동주는 방문을 열었습니다.

온 들판이 불바다가 되어 있었습니다. 아버지와 어머니가 밖으로 달려 나갔습니다. 동주는 동생들과 함께 무서운 속도로 번지는 불길을 떨리는 마음으로 지켜보았습니다. 할아버지는 안절부절못하고 집 안팎을 들락날락했습니다.

"공산주의자들이 추수해서 쌓아 놓은 낟가리에 불을 질렀습니다. 아버님, 명동을 떠나야 할 것 같아요. 이제 여기는 희망이 없습니다."

"그래, 떠나자!"

동주는 할아버지의 눈에 눈물이 어른거리는 것을 보았습니다.

늦가을, 동주네 가족은 용정으로 향했습니다. 몽규도 따라갔습니다. 용정에서 동주와 함께 중학교에 다니기로 했기 때문이었습니다.

동주는 멀어져 가는 명동 마을을 자꾸 뒤돌아보았습니다. 태어나서 어린 시절을 행복하게 보낸 곳, 어쩌면 다시 못 올지도 모르는 고향이었습니다. 몽규가 슬며시 다가와 동주의 어깨에 한쪽 팔을 얹었습니다. 둘은 어깨동무를 하고 한참 걸어갔습니다.

동주는 다시 고개를 돌려 멀어져 가는 명동을 바라보았습니다. 울지 않으려고 결심했는데 자꾸만 눈물이 아른거려 앞이 뿌옇게 보였습니다.
　"우리나라 사람들이 처음 용정에 들어갔을 때는 허허벌판이었지. 우리 선조들이 부지런히 땅을 일구어 농사를 짓기 시작했고 이제 용정은 한인들의 도시가 되었어. 물론 중국 사람들도 많이 살고 있고."
　불안해 하는 가족들을 안심시키려고 아버지가 용정에 대해 자세히 설명해 주었습니다.

독립군들은 나라 안에서 활동할 수가 없어서 나라 안보다 활동하기가 편한 용정으로 많이 피해 왔습니다. 하지만 용정도 얼마 지나지 않아 자유롭지 못하게 되었습니다. 일본은 용정에 경찰서와 유치장을 만들어 놓고 시시각각 독립군들을 잡아들이고 한인들을 감시했습니다.

"우리가 이곳으로 이사 온 것은 가족의 안전을 위해서란다. 명동은 용정보다 시골이라 공산주의자들에게 언제 어떻게 피해를 당할지 몰라. 용정은 일본 경찰이 있기 때문에 공산주의자들이 함부로 날뛰지는 못할 거다."

아버지의 설명에 가족들은 고개를 끄덕였지만 모두 명동을 그리워했습니다.

"평생 농부로 살아온 내가 이런 도시에서 무엇을 한단 말인고."

할아버지의 말에 모두들 작게 한숨을 내쉬었습니다.

아버지 윤영석은 여러 일을 고르던 끝에 인쇄소를 차렸습니다.

예전에 살던 명동 집은 지붕을 얹은 커다란 대문이 있었습니다. 넓은 마당에는 우물이 있었고 텃밭도 있었고 작은 과수원까지 딸려 있었습니다. 명동에서 제일 좋은 집에 살던 동주네 가족은 용정에서는 작은 집에 할아버지와 할머니, 아버지, 어머니, 동주네 삼 남매, 몽규까지 모두 여덟 식구가 살아야

했습니다.

 용정에는 여섯 개나 되는 중학교가 있었습니다. 독립운동가들이 훌륭한 인재를 길러야 나라를 구할 수 있다는 굳은 신념으로 학교를 세웠기 때문이었습니다. 동주는 몽규와 나란히 은진 중학교에 입학했습니다. 은진 중학교는 캐나다 선교부에서 운영하는 기독 학교인데 치외 법권 지역이었습니다.
"치외 법권 지역이란 다른 나라에 있으면서 그 나라 법의 적용을 받지 않는 지역을 말하는 거야. 그러니까 은진 중학교는 중국에 있으면서도 중국의 관헌들이 학교의 허가 없이 들어가지 못한다는 뜻이지. 일본

경찰 또한 마음대로 은진 중학교에 들어올 수 없다는 뜻!"

몽규가 신이 나서 설명을 했습니다.

은진 중학교는 행사 때나 학급 회의를 할 때 언제나 애국가를 불렀습니다. 학교에서 태극기를 휘두르며 애국가를 목청껏 불러도 일본 경찰에게 잡혀가지 않았습니다. 동주와 몽규는 이런 학교 분위기가 무척 좋았습니다.

동주는 열심히 공부하고, 명동 학교에서 했던 것처럼 잡지도 만들었습니다. 운동도 잘해서 축구 선수로 뽑혔습니다.

 동주는 동양사 시간을 언제나 기다렸습니다. 동양사를 가르치는 명희조 선생님은 괴팍하면서도 철저한 애국자였습니다.

 동양사 교과서뿐 아니라 모든 교과서가 다 일본어로 되어 있었습니다. 명동 학교 선생님들이 '중학교에 가면 교과서가 모두 일본어로

되어 있어서 하기 싫어도 일본어를 배워야 한다.'고 했는데 막상 일본어로 된 교과서를 받아들고 보니 기분이 이상했습니다.

하지만 은진 중학교의 수업 방식은 독특했습니다. 이 학교 선생님들은 일본어로 된 교과서를 읽을 때에도 우리말로 번역하여 읽었습니다. 그래서 은진 중학교에 입학한 학생들은 우리 민족의 혼을 배우고 일본에 저항하는 마음을 키우며 하루하루를 알차게 보낼 수 있었습니다.

 # 문학에 빠지다

늘 같이 붙어 다니는 동주와 몽규는 성격이 완전히 달랐습니다. 동주는 마음이 여려 조금만 꾸중을 들어도 눈물이 핑 돌았습니다. 반면 몽규는 씩씩하고 말도 잘하는 데다 행동이 엉뚱했습니다. 또한 자신이 옳다고 생각하는 것을 밀고 나가는 뚝심도 있었습니다.

"우리는 비슷한 점이 딱 하나 있어. 문학을 좋아한다는 것!"

동주는 은진 중학교 1학년 때, 윤석중 선생이 지은 동요와 동시에 깊이 빠져 있었습니다. 동요와 동시는 길이가 짧았지만 깊은 감동을 주었습니다.

맑고 밝은 어린이의 마음으로 노래한 글이라서 마음에 딱 들었습니다.

"나도 윤석중 선생님처럼 깨끗한 우리말로 동시를 쓰고 싶다."

동주의 마음속에 동시에 대한 열망이 싹트기 시작했습니다.

1935년 12월 중순 무렵이었습니다.

"전보요!"

동주가 대문으로 달려 나가니 집배원이 노란 전보지를 건네주었습니다. 서울에 있는 동아일보사에서 온 전보였습니다.

"신문사에서 왜 몽규에게 전보를 보냈지?"

동주는 머리를 갸우뚱하며 전보용지를 펼쳤습니다.

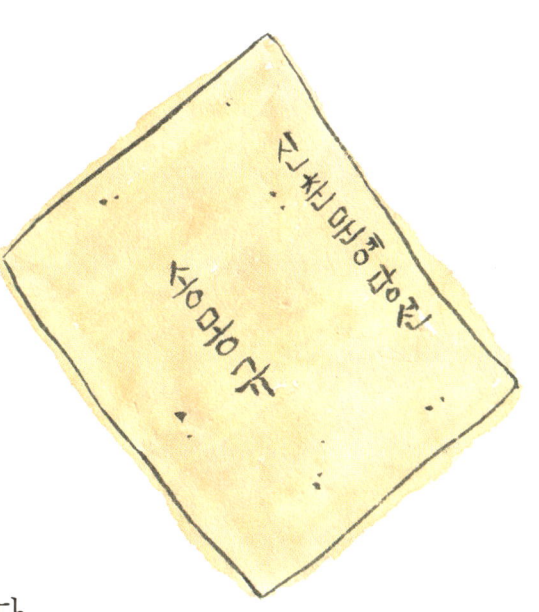

송몽규 신춘문예 당선

동주는 단숨에 몽규에게 달려갔습니다.

"몽규야, 정말 축하해. 근데 언제 그렇게 작품을 썼어?"

"에이, 쑥스럽네. 그냥 시간이 날 때마다 쓴 거야."

"나한테 신춘문예에 응모한다는 말도 안 했잖아."

"솔직히 말해서 자신이 없었어. 그냥 시험 삼아 내 본 거야. 너에게 말 안 해서 미안해."

"미안할 건 없지 뭐. 근데 정말 잘됐어. 축하해."

아무렇지 않은 척 말은 그렇게 했지만 동주는 몽규가 무척 부러웠습니다. 글 쓰는 사람이라면 누구나 신춘문예에 당선되기를 간절히 바랐습니다.

그날 밤, 동주는 잠을 이루지 못했습니다. 사실 동주도 작품을 쓰고 있었습니다. 그러나 신춘문예에 응모할 생각은 꿈에도 하지 못했습니다.

뒤척이던 동주가 자리에서 일어나 책상 앞에 앉았습니다. 뭔가 생각이 날 때마다 써 놓았던 습작 공책을 편 다음, 자신에게 하는 굳은 약속을 한 자 한 자 정성스레 써 내려갔습니다.

'좋은 작품 쓰자!'

몽규의 신춘문예 당선 소식은 동주에게 큰 자극이 되었습니다. 그 날부터 동주는 자기가 쓴 작품 밑에 작품을 쓴 연도와 날짜를 써 놓고 소중히 보관하였습니다.

1935년 봄, 4학년 진급을 한 달 앞둔 학생들은 삼삼오오 모여 앉아 장래 문제를 이야기했습니다. 당시 중학교는 5년제였고 5년제 중학교를 졸업해야 상급 학교에 진학할 수 있었습니다. 그런데 문제는 은진 중학교가 4년제여서 상급 학교에 가려면 5년제 학교로 전학을 가야 했습니다.

"나는 상급 학교에 진학해서 공부를 더 하고 싶어."

동주가 속마음을 얘기하자, 몽규도 자신의 속마음을 털어놓았습니다.

"나는 상급 학교 진학을 포기하고 낙양 군관 학교로 갈 거야. 신학문을 배우는 것도 나라를 위하는 일이지만 지금 당장은 독립을 위해 몸을 던질 사람이 필요해. 참! 익환이는 숭실 중학교에 간다고 하더라. 그런데 동주야, 광명 중학교에 가면 절대 안 돼. 거기는 친일파 학교야."

광명 중학교는 일본 문부성의 인가를 받은 학교로 용정에 있었고, 문익환이 진학하는 숭실 중학교는 기독교 계통의 학교로 평양에 있었습니다.

"숭실 중학교는 멀리 평양에 있어서 돈이 많이 들 텐데."

용정으로 이사 온 동주네 집은 이제 부자가 아니었습니다. 동주의 아버지가 처음 시작한 인쇄소 사업은 실패로 끝났습니다. 그 뒤 포

목점을 열었지만 그것도 신통치 않았습니다.

4월 신학기가 시작되자 동주네 반 자리가 여기저기 비었습니다. 몽규는 낙양 군관 학교에 입학하기 위해 떠났고 문익환은 평양 숭실 중학교로 전학을 갔습니다.

4월이 가고 5월이 되자, 동주는 할아버지를 졸랐습니다.

"할아버지, 저도 숭실 중학교에 가고 싶습니다."

"조금만 더 기다려 보자. 봄이 되면 장사가 잘될지도 모르니까."

그렇게 석 달이 흐른 8월이 되자, 할아버지가 동주를 불렀습니다.

"동주야, 모든 것은 때가 있는 법이니 네가 가고 싶은 학교에 가도록 해라."

9월 1일, 가을 학기가 시작되기 전에 동주는 평양으로 갔습니다. 숭실 중학교는 편입 시험에 합격해야만 들어갈 수 있는 전통이 있는 학교였습니다. 편입 시험은 무척 어려웠고 엄격했습니다. 동주는 초조하게 합격 소식을 기다렸습니다.

"윤동주, 3학년 입학을 허가함."

동주는 3학년까지 다녔기 때문에 당연히 4학년에 편입될 줄 알았습니다. 시험 성적이 좋지 않은 게 분명했습니다. 고민 끝에 동주는 숭실 중학교 3학년에 편입했습니다.

평양은 기독교가 일찍 전래되어 기독교 문화가 꽃을 피운 역사의 도시였습니다. 용정에서 평양까지는 거리도 멀었고 교통도 불편했습니다. 그래서 동주는 집에 자주 갈 수 없었습니다.

학교생활이 힘들고 어려웠지만 동주는 열심히 공부하고 시를 썼습니다. 또한 학교 문예지 편집 일도 맡아 열심히 일했습니다.

어느 날, 저녁 늦게까지 일하고 기숙사로 돌아가려는데 못 보던 책이 눈에 띄었습니다.

'정지용 시집'

책을 든 동주의 두 손이 파르르 떨렸습니다. 정지용은 그 시대 이

름난 시인 중의 한 사람이었습니다. 동주는 정지용의 시를 읽고 또 읽었습니다. 배가 고픈 것도 잊고 읽다가 마음에 드는 시가 나오면 공책에 정성스레 옮겨 적기도 했습니다.

　그때 동주는 〈조개껍질〉이라는 동시를 처음 썼습니다.

조개껍질
바닷물 소리를 듣고 싶어

아롱아롱 조개껍데기
울 언니 바닷가에서
주워 온 조개껍데기

여긴 여긴 북쪽 나라요
조개는 귀여운 선물
장난감 조개껍데기

데굴데굴 굴리며 놀다,
짝 잃은 조개껍데기
한 짝을 그리워하네

아롱아롱 조개껍데기
나처럼 그리워하네
물소리 바닷물 소리

 돌아온 몽규

1936년 동주는 4학년이 되었습니다. 조선 총독부가 신사를 지어 놓고 우리나라 사람들에게 절을 하도록 강요하였습니다. 이것을 '신사 참배'라고 합니다. 신사 참배를 반대하던 숭실 중학교 학생들은 스스로 학교를 그만두기로 결정했습니다.

동주의 평양 생활은 7개월 만에 끝이 났습니다. 숭실 중학교에 다니는 동안에 동주는 동시 다섯 편과 시 열 편을 썼습니다.

용정에 돌아온 동주는 상급 학교에 진학하기 위해서 어쩔 수 없이 친일계 학교인 광명 중학교에 들어갔습니다. 암울한 상황 속이었지만 동주는 꿋꿋이 시를 써 나갔습니다. 늘 새벽까지 책을 읽었습니다. 용정은 추운 곳이라 교복에 안감을 따로 대어 입어야 했는데, 동주는 안감 댈 돈으로 몰래 책을 사기도 했습니다.

열심히 시를 쓴 덕분에 그해 11월 월간지 〈카톨릭 소년〉에 동주의 동시 두 편이 실렸습니다. 다음 해 1월에도 동시 두 편이 소개되면서 동주의 동시는 거의 다달이 실리게 되었습니다.

그런 동주를 볼 때마다 고모는 몽규 생각에 눈물지었습니다.

"중국으로 간 사람은 살아서 돌아오기가 힘들다던데."

고모는 동주의 손을 잡고 기어이 울음을 터뜨렸습니다.
'그동안 몽규 걱정을 너무 안 했어. 나는 왜 몽규의 일을 내 일처럼 걱정하지 못했지?'
동주는 부끄러움에 얼굴이 화끈 달아올랐습니다.
그렇게 세월이 흘러 가던 어느 저녁 날이었습니다. 누군가 대문 안으로 불쑥 들어왔습니다.
"몽규 오빠!"

마당에 있던 혜원의 목소리에 동주 어머니가 버선발로 뛰어나왔습니다.

"몽규라고? 아이고, 우리 몽규가 살아서 돌아왔구나!"

건넌방에 있던 동주도 문을 박차고 나갔습니다. 가족들이 모두 달려 나와 얼싸안고 울음을 터뜨렸습니다.

그날 밤 동주와 몽규는 밤새도록 이야기를 나누었습니다.

이튿날, 몽규 아버지가 심각한 얼굴로 말했습니다.

"몽규야, 살아남으려면 일본 경찰에 자수를 해야 한다, 여기는 좁은 곳이라 네가 온 것이 금방 알려질 거야. 일전에 독립군 한 명이 집에 왔다 나서는데 일본 경찰에 체포된 적이 있었어. 동네 사람이 밀고를 한 거야. 그 사람은 고문을 받다가 결국은 죽었어. 몽규야, 우선 살아야 한다. 살아야 독립운동을 하지."

몽규는 집안 어른들의 말에 따라 자수를 하였습니다. 몽규는 다시 함경북도 웅기 경찰서로 끌려갔습니다.

'몽규는 감옥에서 고생하고 있는데 나 혼자만 공부를 하고 있으니 정말 괴롭다.'

동주는 시를 지으며 마음을 달랬습니다.

"하지만 그렇다고 괴로워하고 있을 수만은 없다. 목표를 세워서 꿋꿋하게 나아가는 거야."

동주는 두 가지 목표를 세웠습니다. 하나는 문학 공부를 하는 것이고 또 하나는 상급 학교에 진학하는 것이었습니다.

하루는 학교 도서관에서 백석의 시집 《사슴》을 보았습니다. 마음에 꼭 들었지만 이미 절판되어 살 수는 없었습니다.

"백석 선생님의 시집을 이틀만 빌려 주시면 안 될까요?"

동주의 말에 도서관 직원이 퉁명스럽게 대꾸했습니다.

"책을 집으로 가져가는 것이 금지되어 있다는 것을 모르세요?"

"그래요? 그렇다면 이 책을 다 베껴야겠네."

동주가 중얼거리는 소리를 들은 도서관 직원이 놀라 물었습니다.

"이 책을 모조리 다 베끼겠다는 말이에요?"

"예, 시가 너무 좋아서요."

동주의 말에 도서관 직원은 시집을 빌려주었습니다. 동주는 언제나 새벽 두세 시까지 책을 읽고 글을 썼습니다.

그러는 동안 감옥에서 풀려난 몽규가 용정으로 돌아왔습니다. 어찌나 말랐는지 뼈만 앙상히 남아있었습니다.

"몽규야, 고생했다. 그동안 힘들었지?"

동주의 말에 몽규가 씩씩한 표정으로 대답했습니다.

"견딜 만했어. 나보다 더 고생하는 독립운동가들도 많은데 뭐 그 정도 고생쯤이야."

몽규의 대답에 동주는 할 말이 없었습니다. 코끝이 찡해 왔습니다.

"너, 그동안 책 많이 읽었구나."
몽규가 동주의 방을 휘둘러보며 말했습니다.
"시는 좀 썼어?"
"좀 쓰긴 했는데 아직 멀었어."
"동주야, 엄살 좀 피우지 말고 좀 보여 줘라. 응? 보여 줄 거지?"
몽규가 어린 아이처럼 떼를 쓰자 동주가 생각날 때마다 쓴 시 공책을 꺼내 들었습니다. 몽규는 한 편 한 편 읽으며 감탄했습니다.
"동주야, 참 좋다. 참 좋아!"

몽규는 그러면서 시 한 편을 골라 감정을 넣어 노래하듯이 읽었습니다.

무얼 먹고 사나

바닷가 사람
물고기 잡아먹고 살고
산골엣 사람
감자 구워먹고 살고
별나라 사람
무얼 먹고 사나

동주는 부끄러워 얼굴이 달아올랐지만 몽규는 자꾸만 동주를 채근했습니다.

"동주야, 네가 쓴 동시 해설 좀 해 줄래?"

"남의 것 욕심내지 않고 살면 얼마나 행복할까, 그런 생각하면서 지은 동시야."

"군더더기 하나 없이 정말 깔끔한 동시다."

몽규의 칭찬에 동주는 가슴이 벅차올랐습니다. 그동안 노력한 것이 헛되지 않았던 것이었습니다.

"동주야, 우리 민족의 아픔과 독립의 의지를 시로 남겨 봐. 그건 독립운동만큼이나 중요한 일이라고 생각해. 네가 그 일을 했으면 좋겠어."

동주는 힘차게 고개를 끄덕였습니다.

 꿈에 그리던 연희 전문학교

동주는 몽규와 함께 나란히 연희 전문학교에 입학하였습니다. 연희 전문학교는 생각보다 훨씬 자유로웠습니다. 무궁화가 길 양쪽으로 줄지어 심겨 있었고, 학교 건물 곳곳에는 태극 문양을 새겨 넣은 장식들이 많았습니다.

"내가 좋아하는 우리말본 시간이야."

동주는 강의를 자세히 듣기 위해 맨 앞자리에 앉았습니다. 조금 뒤 우리말본을 가르치는 최현배 선생님이 들어왔습니다.

"우리말을 사용하지 않으면 우리 민족은 죽은 것과 똑같습니다."

동주를 비롯한 여러 학생들은 최현배 선생님의 강의를 진지하게 들었습니다. 동주는 역사를 가르치는 손진태 선생님도 좋아했습니다.

손진태 선생님은 자기 나라의 말을 잊지 않으려고 숨어서 공부한 퀴리 부인의 이야기를 해 주었습니다.
  어렸을 때 퀴리 부인의 조국 폴란드는 제정 러시아 치하에 있어서 폴란드 말을 쓸 수 없었습니다. 학교에서 몰래 폴란드 말을 배우고 있는데 느닷없이 러시아 장학관이 찾아왔습니다. 학생들은 부랴부랴 폴란드 책을 감추고 러시아 책을 펼쳤습니다. 무시무시한 장학관이 떠나고 선생님과 학생들은 자기 나라 말을 마음

대로 사용하지 못하는 설움에 모두 책상 위에 엎드려 소리 죽여 울었다는 이야기였습니다.

"지금의 우리 처지와 똑같지 않습니까?"

손진태 선생님의 얼굴에 눈물이 주르르 흘러내렸습니다. 학생들의 눈에도 눈물이 고였습니다.

동주는 훌륭한 교수들의 강의를 듣고 일본에 대한 저항 의식을 길렀습니다. 강의가 없을 때는 친구들과 잔디밭에 모여 토론을 했습니다. 토론의 주제는 어떻게 하면 빼앗긴 나라를 구할 수 있을 것인가, 나라와 민족을 위해 지식인들은 어떻게 해야 할 것인가 등이었습니다. 학교생활이 즐거워서 그런지 시를 쓸 때도 활력이 넘쳤습니다.

동주는 기숙사 생활을 했습니다. 동주는 몽규 그리고 강처중이라는 친구와 함께 제일 꼭대기 층인 3층 방을 썼습니다. 동주는 다락방 같은 이 방이 마음에 들었습니다. 창문을 열고 밖을 내다보면 바람 소리가 들려왔습니다. 마치 바닷가에 온 듯한 착각을 일으킬 정도로 바람 소리가 선명하게 들렸습니다. 달밤의 풍경도 무척 아름다웠습니다.

"나에게 새로운 길이 펼쳐졌어. 시인의 꿈을 찾아가는 나의 길, 새로운 길."

동주의 머릿속에 시 한 편이 떠올랐습니다.

새로운 길

내를 건너서 숲으로
고개를 넘어서 마을로

어제도 가고 오늘도 갈
나의 길 새로운 길

민들레가 피고 까치가 날고
아가씨가 지나고 바람이 일고

나의 길은 언제나 새로운 길
오늘도…… 내일도……

내를 건너서 숲으로
고개를 넘어서 마을로

1939년 동주는 연희 전문학교 2학년이 되었습니다. 9월 1일 2차 세계 대전의 시작을 알리는 포성이 터지고 일본은 우리 청년들을 강제로 전쟁터로 끌고 가기 시작했습니다.

'나라 잃은 백성으로 나는 잘 살아가고 있는 것인가? 나는 이 어지러운 세상에서 무엇을 해야 하는 것인가?'

윤동주는 늘 그런 생각을 하며 하루하루를 고민하며 살았습니다.

1940년 2월, '창씨개명령'이라는 법이 공포되었습니다. 모든 조선인은 성과 이름을 일본식으로 고쳐서 사용하라는 법이었습니다. 이에 반대하여 목숨을 끊은 사람도 있었고, 우리 이름을 끝까지 고집하여 버티는 사람도 있었습니다.

　동주는 다시 기숙사로 돌아왔습니다. 기숙사에서 바라보는 숲과 바람 소리, 하늘은 변함없었지만 동주는 변했습니다.

"아, 시가 잘 써지지 않아."

동주의 가슴은 어두운 하늘이었습니다. 무거운 바위로 가슴을 누르는 것 같은 고통에 시를 쓸 수가 없었습니다.

'어떡하든 참고 견디자. 내가 할 일을 찾아보는 거야'

일본은 자꾸 전쟁을 확대하고 총독부는 우리나라 사람들을 더욱 괴롭혔습니다. 이제는 한글 교육도 시키지 못하게 하였습니다. 동주는 민족이 당하는 고통에 마음이 찢어질 듯 아팠습니다.

졸업반인 한 해 동안 동주는 〈무서운 시간〉, 〈십자가〉, 〈돌아와 보는 밤〉, 〈별 헤는 밤〉 등 좋은 시를 많이 썼습니다.

"졸업 기념으로 지금까지 쓴 시들을 모아 시집을 엮고 싶다."

그러면서 동주는 지금까지 쓴 시를 읽으며 시집에 들어갈 시 열여덟 편을 골랐습니다.

'첫 머리에 어떤 시를 넣을까?'

아무리 생각해도 적당한 시가 없어서 동주는 시 한 편을 새로 쓰기로 했습니다. 차분히 앉아 자신의 삶을 돌아보았습니다. 그리고 앞으로 걸어가야 할 길을 그려 보았습니다.

서시

죽는 날까지 하늘을 우러러
한 점 부끄럼이 없기를,
잎새에 이는 바람에도
나는 괴로워했다
별을 노래하는 마음으로
모든 죽어가는 것을 사랑해야지
그리고 나한테 주어진 길을
걸어가야겠다

오늘 밤에도 별이 바람에 스치운다

새로 쓴 시 〈서시〉까지 합해 모두 열아홉 편의 시가 준비되었습니다.
"시집의 제목은 무엇으로 할까? '병원'이 어떨까? '병원'이라는 시는 아픈 시대를 살아가는 사람들을 위로하고 싶어 쓴 시니까 적당한 것 같아."
그런데 〈서시〉를 쓰고 나니 좋은 제목이 떠올랐습니다. 〈서시〉에 나온 하늘, 바람, 별, 나한테 주어진 길이라는 낱말이 머릿속을 떠나지 않았습니다.

"오래도록 사람들을 어루만져 주고 위로해 주는 것은 무엇일까? 우리 가까이에 있는 하늘과 바람과 별과 시 아닐까? 그래! 시집 제목을 '하늘과 바람과 별과 시'로 하자!"

동주는 흡족한 마음으로 열아홉 편의 시를 원고지에 일일이 베꼈습니다. 시 한 편을 세 번씩 적은 뒤 묶어 시집 세 부를 만들었습니다.

"한 부는 내가 갖고 한 부는 이양하 교수님에게 또 한 부는 후배 병욱이에게 줘야지."

정병욱은 친구가 없어서 학교생활이 어려웠을 때 동주가 잘 챙겨 주었던 다섯 살 아래 동생이었습니다.

이양하 교수님은 걱정스런 얼굴로 윤동주를 바라보았습니다.

"자네가 쓴 시는 잘 보았네. 작품이 많이 좋아졌어. 모든 출판물은 검열을 받게 되어 있는데 자칫 잘못하면 불온한 시로 몰릴 수도 있다네. 그러니 시집 내는 건 좀 더 미루는 게 어떻겠나? 원고를 잘 간직해 두고 때를 더 기다려 보게나."

졸업을 앞두고 기념 시집을 만들어 가까운 친구들과 돌려보는 것도 일본의 눈치를 보아야 한다고 생각하니 동주는 무척 슬펐습니다.

'나라를 빼앗기니 시집도 마음대로 내지 못하는구나. 그래도 나는 쓸 것이다. 시집을 내지 못한다 해도 끝까지 쓸 것이다.'

얼마 지나지 않아 태평양 전쟁이 일어났습니다.

 # 일본 유학을 떠나다

졸업식을 마치고 동주는 집으로 돌아왔습니다.
"일본으로 유학을 가는 게 좋겠다. 더 큰 세상에 가서 보다 많은 것을 보고 오너라."

동주는 집안 사정이 좋지 않아 일본 유학을 하고 싶다는 말을 입 밖에 꺼내지도 못했습니다. 그런데 아버지가 먼저 말을 꺼냈습니다.

"유학을 가려면 도항 증명서를 만들어야 해. 도항 증명서를 받으려면 창씨개명을 해야 해."

"이름을 바꾸면서까지 꼭 유학을 가야 하나? 그것도 원수의 나라에!"

동주와 몽규는 이 문제로 많은 의견을 나누었지만 결론이 나지 않았습니다.

"나는 공부를 더 하고 싶어. 전문학교에서 공부한 것으로는 부족한 것이 너무 많아."

동주의 말에 몽규가 체념한 듯 말했습니다.

"새로운 학문을 배우려면 어쩔 수 없이 고개를 숙여야 해."

둘은 눈물을 머금고 창씨개명을 하고 증명서를 발급받았습니다. 거기에는 '히라누마 도주'라는, 동주의 일본 이름이 적혀 있었습니다.

'이렇게까지 해야 하는 것인가? 이게 과연 잘하는 것인가?'

동주는 울적한 마음으로 노트를 펼쳤습니다. '참회록'이라는 세 글자를 쓴 후 시를 써 내려갔습니다. 동주는 시를 쓰고 나서 책상에 엎드려 숨죽여 흐느꼈습니다.

'창씨개명이라는 굴욕을 견뎌 내야 하는 나의 얼굴은 과연 어떤 모습일까? 부끄러워서 얼굴을 들 수가 없다.'

동주는 1942년 4월 2일 도쿄에 있는 릿쿄 대학 문학부 영문학과에 입학하였습니다. 동주는 도쿄에서 조금 떨어진 곳에 하숙집을 정하고 짐을 풀었습니다. 동주의 방은 다다미 여섯 장을 깐 작은 방이었습니다.

오후가 되면 동주는 언제나 산책을 하였습니다. 집집마다 아름다운 나무가 있고 꽃이 피어 있었지만 눈에 들어오지 않았습니다.

'조선의 풀과 흙이 그립다. 나는 무엇을 바라 여기 남의 땅에 서성거리고 있는가?'

　향수병을 심하게 앓던 동주는 밤이 되면 서울에 있는 친구들에게 긴 편지를 썼습니다. 우리글로 편지를 쓰면서 답답하던 마음이 조금씩 풀렸습니다. 편지를 다 쓰고 난 후, 만년필을 놓고 동주는 육첩 방을 둘러보았습니다.

　'일본이라는 나라는 육첩 방 크기밖에 되지 못하는 작은 나라, 남의 나라 육첩 방에 앉아 있지만 나는 일본의 신민이 아니라 조선인이다!'

　대학 생활은 생각했던 것과 많이 달랐습니다. 공부도 생각처럼 재미있지 않았습니다. 특히 교련 시간은 무척 힘들었습니다. 교련 교관은 조선인들에게 노골적으로 적대감을 나타냈습니다. 교련 교관에게 잘못 보이면 바로 전쟁터로 나가야 했기 때문에 학생들은 비위를 건드리지 않으려고 무척 조심했습니다.

　뜨거운 햇볕이 내리쬐는 오월의 어느 날이었습니다. 학생들을 모두 모아 놓고 교련 교관이 긴 연설을 했습니다.

　"조선인들은 대일본 제국에는 필요없는 미개한 족속이다. 그런데 천황 폐하께서는 이런 미개한 족속들에게 황군 입대의 은혜를 내리셨다!"

　그때 학생들 사이에서 조용하지만 단호한 목소리가 흘러나왔습니다.

"조선인들이 원한 것은 아닙니다."

"뭐라고? 누구냐?"

동주가 조용히 일어서자 교련 교관이 가까이 다가와 매서운 눈길로 노려보았습니다.

"조선인들은 입대를 요청한 적이 없습니다. 그건 일본의 결정일 뿐입니다."

"건방진 녀석 같으니! 히라누마 도주, 너를 지켜보겠다!"

교련 교관은 그날 이후로 동주를 사사건건 괴롭혔습니다.

학생들은 동주를 달리 보았습니다. 평소에는 말이 없고 무슨 일이건 먼저 나서는 법이 없는 동주가 교련 교관 앞에서 용기 있게 말을 하는 것을 보고 깜짝 놀랐던 것입니다.

"순한 양인 줄만 알았는데 할 말은 하는 멋진 학생이었어."

동주는 얼마 지나지 않아 교토에 있는 도시샤 대학으로 전학을 하였습니다. 교토는 아름다운 도시였습니다.

가을이 깊어 가던 날, 동주의 하숙방에 유학생 몇이 모였습니다. 그동안 유학생들은 자리를 옮겨 가며 민족의식에 대하여 토론하곤 했습니다. 우리의 역사와 문화에 관한 책을 서로 돌려 가며 읽고 소감을 이야기하기도 했습니다.

"지난 10월 1일 서울에서 일어난 조선어학회 사건은 생각만 해도 치가 떨립니다. 조선 사람이 조선어 연구를 하는 것도 죄가 되는 세상이라니!"

학생들은 침통한 표정으로 국내에서 일어난 사건에 대해 의견을 나누었습니다.

"지금 우리말은 죽어 가고 있습니다. 이런 시기일수록 우리는 조선어를 더 깊이 연구해야 한다고 생각합니다."

동주의 말에 유학생들이 고개를 끄덕였습니다. 밤이 깊도록 학생들은 우리말에 대한 체계적인 연구를 할 것과 조선으로 돌아가면 우리말을 모르는 사람들을 상대로 어떻게 교육을 해야 할지 의견을 나누었습니다.

1943년 조선 하늘은 어두웠습니다. 3월 1일, 총독부는 학도 지원 병제를 공포했습니다. 일본은 우리 젊은이들을 전쟁터로 내몰려고 온갖 계략을 꾸몄습니다.

"나라가 시끄러울 때는 가족 곁에 있어야 안심이 돼. 그러니 얼른 고향으로 돌아가자."
　동주는 부지런히 집으로 돌아갈 준비를 하고 있었습니다. 짐은 미리 부치고 차표도 예매해 두었습니다. 가까이 지내던 같은 학년 학생들이 송별회를 열어 주었습니다.

"윤동주, 네 노래 듣고 싶다. 한번 불러 줘 봐."

동주는 수줍게 일어나더니 낮은 목소리로 '아리랑'을 불렀습니다. 고향에 간다는 기쁨과 나라를 잃은 슬픔이 뒤섞여 동주의 얼굴에 눈물이 주르르 흘러내렸습니다.

'내일이면 고향에 돌아간다. 그리운 가족들을 만난다.'

동주는 부풀어 오르는 가슴을 지그시 누르고 책을 펼쳤습니다.

그때 방문이 벌컥 열리더니 낯선 사람 두 명이 들어왔습니다.

"우리는 대일본 제국의 형사다. 우리를 따라와라."

"무슨 이유인지 알아야 따라가지 않겠소?"

일본 형사들은 대답 대신 책꽂이에서 책 몇 권을 뽑아 가방 속에 쑤셔 넣었습니다.

형사들은 동주의 손에 수갑을 채우고 어딘가로 끌고 갔습니다.

별이 된 시인

감방은 으스스하였습니다. 형사는 그저 물과 작은 주먹밥 몇 개를 들이밀어 줄 뿐이었습니다.

며칠이 지나자 눈매가 날카로운 형사가 동주를 불러냈습니다. 형사는 글씨가 빽빽이 쓰인 서류를 동주의 눈앞에 펼쳐 놓았습니다.

"너는 조선인의 민족의식을 조장하기 위해 조직적으로 독립운동을 한 놈이다. 너는 시를 통하여 대일본 제국을 비난하고 지식 계층을 선동하였다."

책상 위에는 그동안 동주가 쓴 시와 즐겨 읽던 책들이 쌓여 있었습니다.

동주는 사상범으로 몰려 2년 형을 선고받았습니다. 독립운동이라는 죄명이었습니다. 일본의 후쿠오카 형무소에서 감옥살이가 시작되었습니다. 사방 어디를 둘러봐도 차디찬 시멘트 벽뿐이었습니다.

 빡빡 깎은 머리에 죄수복을 입은 동주는 절망감으로 하루하루를 보냈습니다. 수감자들은 독방에 갇혀 강제 노역을 하였습니다. 희미한 전등불 아래서 밤이나 낮이나 명주실로 투망 뜨기, 봉투 붙이기, 목장갑 코 꿰기 등 손가락이 닳도록 일을 했습니다.

그나마 다행한 일은 한 달에 한 번 엽서 한 장을 일본어로 써서 보낼 수 있었습니다. 또 성서도 읽을 수 있었습니다. 엽서 쓸 날이 다가오면 간수가 긴 복도를 지나가면서 엽서 한 장씩 감방 안에 떨어뜨렸습니다. 작은 엽서에 깨알 같은 글씨로 동주는 글을 썼습니다.

붓 끝을 따라온 귀뚜라미 소리에 벌써 가을을 느낍니다.
홀로 있는 내 감방에 귀뚜라미가 울음을 울어 줍니다.
귀뚜라미가 얼마나 고마운지 모릅니다……

집으로 배달되는 엽서는 온전한 것이 별로 없었습니다. 어떤 때는 글자를 알아볼 수 없게 줄이 쭉쭉 그어져 있었고 어떤 때는 새까맣게 먹칠한 부분도 있었습니다.

"나쁜 놈들! 저희 눈에 거슬리는 내용은 모두 지워 버렸구나."

아버지가 분통을 터뜨렸습니다. 할아버지는 눈물을 지었습니다. 어머니는 미숫가루와 엿, 내복 등을 우편으로 보냈습니다. 하지만 그 물건들은 단 한번도 동주에게 전달되지 않았습니다.

그날도 동주는 목양말을 꿰매는 작업을 하고 있었습니다.

"모두 나와!"

복도로 나가자 간수가 시험지를 나눠 주었습니다.

"5분 동안 답을 써라."

간단한 수학 문제여서 답을 금방 쓸 수 있었습니다. 곧바로 의사가 시험지를 거두더니 말했습니다.

"모두 오른팔의 옷을 걷으시오."

그러더니 수감자들의 팔뚝에 주사를 놓기 시작했습니다.

"이게 무슨 주사요? 무엇 때문에 주사를 맞는 것이지요?"

누군가 외쳤지만 아무도 대답을 하지 않았습니다.

동주의 앙상한 팔에도 주사 바늘이 꽂혔습니다. 주사를 맞은 지 일주일이 지나고 똑같은 시험지를 받았는데 이번에는 답을 쓸 수가 없었습니다. 다른 사람들도 마찬가지였습니다.

정체 모를 주사를 맞는 일은 계속되었습니다. 주사를 맞고 나면 몸에서 식은땀이 나고 입맛을 잃어 아무것도 먹을 수 없었습니다.

1945년 2월 16일, 동주는 심하게 경련을 일으키고 쓰러졌습니다.

"악!"

동주는 외마디 비명을 지르더니 머리가 힘없이 옆으로 떨어졌습니다. 새벽 3시 36분이었습니다.

동주가 세상을 떠난 지 열흘 뒤 동주의 아버지 윤영석은 동주의 당숙인 윤영춘과 함께 후쿠오카 형무소에 도착했습니다.

"산 사람부터 만나 보는 게 좋겠습니다."

윤영석의 말에 윤영춘은 의아한 듯 고개를 갸웃거렸습니다. 산 사람이란 몽규를 말하는 것이었습니다.

"왜? 동주부터 찾아야지!"

"동주는 이미 이 세상 사람이 아니지 않습니까?"

윤영석의 눈에도 윤영춘의 눈에도 눈물이 가득 고였습니다.

두 사람은 면회를 신청해 놓고 몽규를 기다렸습니다. 조금 뒤, 빡빡 깎은 머리에 빛바랜 죄수복을 입고 깨진 안경을 쓴 창백한 얼굴의 청년이 들어왔습니다.

"외삼촌!"

동주 아버지는 살가죽과 뼈만 붙은 모습의 몽규를 얼른 알아보지 못했습니다.

"저놈들에게 주사를 계속 맞았더니 몸이 자꾸 말라요. 정신도 흐릿해지고. 아마 동주도 그랬을 거예요."

몽규는 어눌한 발음으로 더듬더듬 말을 이어 나갔습니다. 예전의 활달하고 자신만만하던 몽규의 모습이 아니었습니다.

"동주가 죽어서……."

외삼촌 윤영석의 말에 몽규가 비틀거렸습니다. 윤영춘이 얼른 붙잡았지만 그 순간 안경이 땅에 떨어져 산산조각이 나고 말았습니다.

"몽규야, 무슨 일이 있더라도 살아야 한다!"

면회를 마치고 나오자 동주 아버지는 복도에 주저앉아 통곡을 했습니다.

"건강하던 몽규의 모습이 저렇게 되다니! 내 아들 동주도 저런 몰골로 여기서 짐승처럼 살다가 죽었습니다. 피를 토하고 죽고만 싶습니다."

윤영춘도 따라 목 놓아 울었습니다. 얼마 뒤 두 사람은 시체실을 찾아갔습니다. 동주는 얌전히 누워 있었습니다.

"낮잠 자는 것 같구나. 내 아들 동주야."

아버지는 죽은 동주의 가슴에 얼굴을 묻고 울고 또 울었습니다. 아버지는 동주의 시신을 후쿠오카 화장터에서 화장했습니다. 그리고 동주의 뼛가루를 사기그릇에 담아 다시 작은 나무 상자에 넣었습니다.

"동주야, 이제 고향으로 가자."

아버지는 상자를 꼭 껴안고 원수의 땅 일본을 떠났습니다.

1945년 3월 6일, 눈보라가 심하게 몰아치는 날, 윤동주의 집 앞뜰에서 장례식이 치러졌습니다. 동주의 시 〈자화상〉과 〈새로운 길〉

이 낭독되었습니다.

  장례를 치르고 얼마 뒤 몽규의 집에 전보 한 장이 날아들었습니다. 몽규의 죽음을 알리는 전보였습니다. 몽규는 용정 동산에 있는 동주의 무덤 옆에 묻혔습니다.

  따뜻한 어느 봄날, 할아버지와 아버지는 동주의 무덤에 비석을 세웠습니다.

시인 윤동주의 묘

  할아버지와 아버지가 가장 먼저 윤동주를 시인으로 불러 주었습니다.

초등 저학년을 위한 첫 역사책!

안녕? 역사야 (전9권)

〈안녕? 역사야〉 시리즈는

도깨비들이 과거로 날아가 역사의 궁금증을 풀어 주는 재미난 형식의 책입니다.
초등학교 한국사 교과서 내용을 아주 쉽게 알려주는 〈안녕? 한국사〉와
세계를 바라보는 넓은 시야를 갖게 해 주는 〈안녕? 중국사〉 세트로 구성되어 있습니다.
저학년의 눈높이에 맞춘 내용과 그림, 그리고 전문가의 꼼꼼한 감수까지 거친
〈안녕? 역사야〉 시리즈는 진정한 의미의 저학년 첫 역사책입니다.

안녕? 한국사 (전6권)

1권 선사 시대 우리 조상이 곰이라고?
2권 삼국 시대 최후의 승자는 누구일까?
3권 고려 시대 우리나라는 왜 코리아일까?
4권 조선 시대① 조선에 에디슨이 살았다고?
5권 조선 시대② 조선은 왜 망했을까?
6권 근현대 우리는 왜 남북으로 갈라졌을까?

글그림 백명식 | 감수 김동운(전 국사편찬위원회 교육연구관)
각 권 90쪽 내외

안녕? 중국사 (전3권)

1권 고대 중국 역사의 시작
2권 중세 통일된 중국, 세계에 우뚝 서다
3권 근현대 중국에 부는 변화의 바람

글 이한우리, 송민성 | 그림 이용규 | 감수 이근명(한국 외대 사학과 교수)
각 권 80쪽 내외